# ¡Tengo piojos!

Piojo adulto que acaba de alimentarse, ampliado unas 28 veces.
Laboratorio del Departamento de Salud y Bienestar de Idaho.

**Para mamá, con cariño.**
**D. C.**

**Para Laura.**
**P. G.**

El texto rimado describe lo que sucede cuando una familia descubre piojos en casa
y debe combatirlos. Contiene además información
sobre la forma de vivir y propagarse los piojos,
y la solución para erradicarlos.

Título de la edición original: YIKES-LICE! La edición original ha sido publicada por Albert Whitman and Company en 1998.
© del texto: 1998 by Donna Jaye Caffey. © de las ilustraciones: 1998 by Patrick Girouard.
© de la traducción castellana: EDITORIAL JUVENTUD, S. A., 1998, Provença, 101 - 08029 Barcelona.

Traducción de Mireia Porta i Arnau.
Cuarta edición, 2007. Depósito legal: 23.741-2007
ISBN 978-84-261-3098-3. Núm. de E.J.: 10982
Impreso en España – *Printed in Spain*
A.V.C. Grafiques, Avda. Generalitat, 39- 08970 Sant Joan Despí (Barcelona)

# ¡Tengo piojos!

Donna Caffey

ilustraciones de Patrick Girouard

EDITORIAL JUVENTUD

Provença, 101 - Barcelona

## Érase una vez un piojo hambriento que andaba en busca de alimento.

### ¡Quiero comer!

El piojo es un parásito que vive en la cabeza de las personas. Se trata de un insecto sin alas, de 2 a 3 milímetros de largo, más o menos la medida de una cabeza de alfiler; de color marrón claro a marrón oscuro o negro. No vive en los animales. Un piojo se arrastra pero no salta, ni brinca ni vuela.

A un peine se montó para viajar,
muy dispuesto a encontrar un buen hogar.

¡Gracias por llevarme!

De pronto, divisó, el muy glotón,
un lugar para darse un atracón.

¡Ñam, qué rico!

Los piojos suelen encontrarse acurrucados en el pelo cerca del cuero cabelludo en la parte superior de la cabeza, detrás de las orejas o en la nuca. Tienen seis patas provistas de unas pequeñas zarpas para agarrarse al pelo.

Para sobrevivir, los piojos necesitan sangre del «anfitrión» o humano en el que están viviendo. Utilizan las partes succionadoras de la boca para perforar la piel y alimentarse. Comen con rapidez y con frecuencia. Sin nutrirse, no pueden vivir más de uno o dos días.

**Formó familia en un momentillo
y a jugar al corre que te pillo.
¡A la carga!**

La hembra del piojo puede poner de 3 a 6 huevos al día (de 50 a 150 a lo largo de la vida). Los huevos, llamados liendres, son muy pequeños (1 milímetro de largo), ovalados y grisáceos. La hembra sujeta las liendres a los cabellos mediante una substancia pegajosa.

## Crecieron y se multiplicaron,
## hasta los más chicos engordaron.

### ¡Reunión de familia!

De siete a diez días tarda una liendre en desarrollarse y en salir la cría de piojo o ninfa. Las ninfas se vuelven muy pronto adultas y las que son hembras ya pueden poner huevos. La mayoría de piojos vive un mes aproximadamente, tiempo suficiente para tener varios hijos y nietos.

**Mientras tanto...**
**un molesto picor iba sintiendo,**
**unos intrusos me estaban invadiendo.**

**¿Eh, qué pasa?**

¡Si te pica mucho la cabeza, hazte mirar si tienes piojos! La comezón
la produce el parásito al pinchar la piel, inyectar saliva y succionar sangre.
Sin embargo, puedes tener piojos sin que te piquen.

**Me rascaba aquí y allí sin parar.**
**¡Tanto picor no podía aguantar!**

**¡Ay, ay, ay!**

Los piojos, aunque no te hacen daño, llegan a ser muy molestos.
No provocan otras enfermedades, pero si te rascas demasiado,
se irrita la piel y puede infectarse.

**«¡Mamá, ven a mirar!», chillé yo.
Al explorarme, se estremeció.
¡Piojos!**

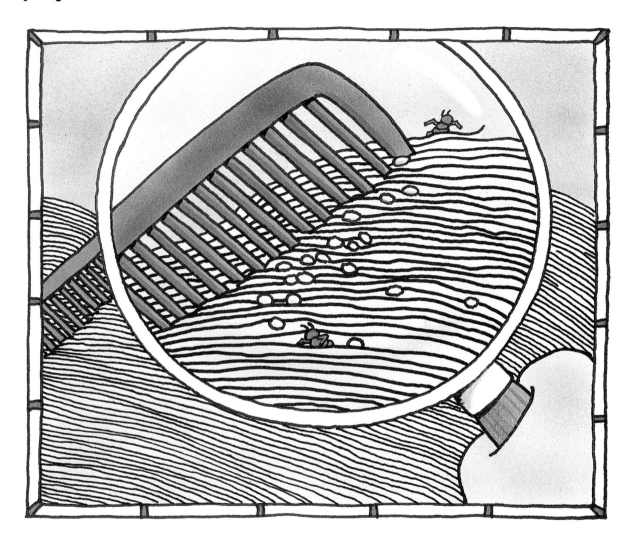

Para investigar si tienes piojos, necesitas a alguien. Colócate debajo de una buena luz. El «investigador» puede emplear un peine con mango para separar y levantar el pelo. Partiendo de la nuca, debe ir levantando mechones de pelo hacia cada lado por toda la cabeza. Normalmente los piojos y las liendres se ven a simple vista, pero con una lupa se distinguen más deprisa. (Tras el examen, es necesario lavarse las manos y limpiar los utensilios empleados.)

**Me enjabonó con un champú especial,
para matar a esos parásitos. Grité: «¡Genial!»**

**¡Largo de aquí!**

Si tienes piojos, puedes lavarte el pelo con un champú o loción antiparásitos de los que hay en el mercado. Deben seguirse atentamente las instrucciones del envase y, en caso de duda, hay que consultar con un médico.

Cualquiera que haya estado en contacto con una persona con piojos debe hacerse examinar.

**Luego tocó una buena peinada.**
**Con los tirones quedé agotada.**

**¡Ay, uy!**

Deben eliminarse todas las liendres del pelo; de lo contrario, se desarrollarían y saldrían piojos de nuevo. Es aconsejable usar un peine especial que venden en las farmacias. Hay que ir peinando por partes. Para sacar las liendres, que son pegajosas y tienen el aspecto de una semilla, puede ser más fácil utilizar los dedos.

¡Ten paciencia! Erradicar todas las liendres lleva rato y es muy importante que no quede ni una.

## Papá se encargó de limpiar todo lo que no debíamos olvidar.

### ¡Hasta mi perrito azul!

Para asegurarse de que los piojos se han ido por completo, hay que limpiar a fondo todo lo que ha sido expuesto. Los objetos personales, como peines, cepillos y accesorios para el pelo deben sumergirse en agua muy caliente (pero no hirviendo) durante veinte minutos. La ropa, la ropa de cama y las toallas deben lavarse con agua caliente y jabón. Los objetos no lavables, como muñecos de trapo, almohadas, edredones, cascos de bicicleta y auriculares deben lavarse en seco y guardarse en una bolsa de plástico cerrada herméticamente durante dos semanas.

BOLSAS DE PLÁSTICO

**Aspiró sofá, sillas y alfombras
para extirpar esos malasombras.
¡Uf!**

Es preciso limpiar a fondo sofás, sillas, colchones, alfombras y tapicerías de coche porque los piojos pueden vivir uno o dos días fuera de las personas. Una vez terminada la limpieza, la bolsa de la aspiradora debe tirarse.

Pero no hace falta rociar insecticida por toda la casa. Sería exponerse a productos químicos de manera innecesaria, pues los piojos no sobreviven mucho tiempo lejos de las personas.

**Papá me aconsejó al terminar:
«La gorra no debes prestar.»**

**¡Claro que no!**

A menudo se propagan piojos en las escuelas, los campamentos o
en cualquier parte donde hay mucho contacto entre personas. Para evitarlo,
es aconsejable no compartir peines, cepillos, gorras, cascos, auriculares
o ropa. Si los descubres, debes comunicarlo a tus maestros y amigos para
que se hagan examinar. Durante las dos semanas siguientes, tú también lo
tienes que hacer regularmente.

**«No tienes la culpa –mamá me advierte–.
Los piojos son así, nada les detiene.»**

**¡Pues es verdad!**

No es culpa tuya si coges piojos..., ¡le puede ocurrir a cualquiera!
Según los investigadores, los piojos existen desde hace nueve mil años.
Han afectado a personas de todas las razas en todo el mundo,
independientemente de dónde vivían y lo limpias que eran.

**Sin piojos ni picor,
se vive mucho mejor.**

**¡Chócala!**

# Comentario destinado a los adultos

Hay gente que cree que tener piojos es señal de poca higiene, pero, de hecho, cualquier persona puede atraparlos, por más limpia que sea. Se propagan fácilmente al arrimarse dos personas o al compartir peines, cepillos o sombreros. Llega a ser muy molesto y desagradable sentir piojos en el cuero cabelludo, pero según las investigaciones, no transmiten enfermedades humanas.

Los niños de menor edad tienen un índice superior de probabilidad de tener piojos que los de mayor edad o los adultos. Corren un riesgo más alto, independientemente del sexo, los niños de tres a diez años y los que tienen la piel más blanca. Entre los adolescentes, las chicas se ven afectadas más a menudo que los chicos.

Hay padres desesperados que prueban muchos remedios caseros, algunos peligrosos y sin base científica como, por ejemplo, pesticidas, queroseno o gasolina, que provocan graves daños a los niños afectados.

Existen varios tratamientos en las farmacias, que pueden adquirirse con o sin receta médica. Según ciertas investigaciones, los piojos pueden estar cobrando resistencia a algunos de estos tratamientos. Participo en un estudio que se lleva a cabo actualmente en Estados Unidos para determinar si los tratamientos existentes son tan efectivos como en el pasado. Hasta que la investigación científica nos brinde nuevas respuestas, la mejor manera de tratar los piojos es seguir paso a paso las instrucciones proporcionadas con los tratamientos, procurando eliminar por completo todos los piojos y liendres.

Es importante recordar que aunque los piojos sean un fastidio, no hay que temerlos.

Dra. CHRISTINE G. HAHN